Adolph Donath

Judenlieder

Adolph Donath: Judenlieder

Erstdruck dieser Zusammenstellung: Wien, R. Löwit Verlag, 1920 mit der Widmung »Meinem geliebten Bruder Victor zugeeignet«.

Neuausgabe
Herausgegeben von Theodor Borken
Berlin 2020

Umschlaggestaltung von Thomas Schultz-Overhage unter Verwendung des Bildes: Hermann Struck, Adolph Donath, 1923

Gesetzt aus der Minion Pro, 12 pt

ISBN 978-3-8478-4363-4

Die Deutsche Nationalbibliothek verzeichnet diese Publikation in der Deutschen Nationalbibliografie; detaillierte bibliografische Daten sind im Internet über www.dnb.de abrufbar.

Verlag: Henricus - Edition Deutsche Klassik GmbH
Mörchinger Str. 33, 14169 Berlin, info@henricus-verlag.de
Druck: Libri Plureos GmbH, Friedensallee 273, 22763 Hamburg

Inhalt

Vorwort

Freunde rieten mir, jetzt, da ich aus dem Kriege heimkehrte, meine »Judenlieder« zu sammeln. Es ist lange her, seit ich die ersten schrieb: im Herbst des Jahres 1895, meines ersten Wiener Universitätsjahres. Und 1897 hat sie Theodor Herzl gelesen. Mir bleibt die Stunde lebendig, in der mein unvergeßlicher Freund und Gönner mir sein Urteil sagte. Diese erste Begegnung mit Herzl verdanke ich Erwin Rosenberger.

Die ersten vier meiner »Judenlieder« von 1895 nahm ich in meinen Erstlingsband »Tage und Nächte« (1898) auf. Sie sind wiederholt übersetzt und wiederholt vertont worden (vertont von James Rothstein, Berlin; Béla Nemes, Budapest; Carl Groß, Wien). Auch die Sage »Rabbi Amnon« steht in den »Tagen und Nächten«. Die Dichtung »Die Jüdin« erschien in meinem zweiten Buche: »Mensch und Liebe« (1901), die Dichtung »Der Prophet« in Benzmanns Anthologie: »Moderne Deutsche Lyrik«.

Berlin, im Dezember 1918.

Adolph Donath

Judenlieder

(1895)

War ein kleines stilles Haus ...

War ein kleines stilles Haus,
Drin ein Jude wohnte.
Sabbath war's. Ein Kerzenpaar
Auf dem Tische thronte.

Und der alte Jude sang
Eine Zauberweise,
Und die Mutter und das Kind
Sangen mit ganz leise:

»Alle Sterne trauern hier,
Und die Rosen weinen,
Alle Vögel schweigen hier
In den fremden Hainen.

Fliege, fliege, mein Gebet
Zu den fernen Weiten,
Wo der Tempel Zions steht,
Laß die Sehnsucht breiten!«

Und das Zauberlied erklingt,
Weckt aus allen Träumen ...
Und des Kindes Sehnsucht singt
Von den Zederbäumen.

Mirjam

»Mirjam, hast du die Mutter gesehn?«
– Mutter weint in der Kammer. – –
»Mirjam, laß deine Träume gehn,
Schau, wie die Bäume dich lachend umstehn,
Wie sie dir Blüten herunterwehn! ...«
– Mutter weint in der Kammer. – –

»Mirjam, kennst du der Mutter Leid? ...«
– Mutter drücken die Sorgen,
Mutter fürchtet des Nachbars Neid,
Wenn in der Wiege mein Brüderchen schreit,
Mutter fürchtet die fiebernde Zeit ...
Mutter drücken die Sorgen – – –

Unsre armen Kinder klagen ...

Unsre armen Kinder klagen,
Wenn die letzten Gräser sprießen,
Wenn aus müden Glockenblüten
Düfte des Vergessens fließen.

Unsre armen Kinder klagen,
Wenn der neue Mai gekommen,
Weil er nicht die stummen Bitten
Ihrer Seele hat vernommen.

Und sie klagen immer weiter,
Weil er ganz an sie vergessen
Und kein Zweiglein mitgenommen
Von den Zedern und Zypressen.

War ein Jude und ein Krüppel ...

War ein Jude und ein Krüppel,
Und sie peitschten ihn hinaus ...
Draußen wüteten die Donner,
Und es sprach der Gott der Rache:

»Sieh, du Schöpfung meiner Hände,
Meine Donner schenke ich dir,
Daß sie deine Feinde schlagen;
Denn dein Herz ist eine Träne!« – –

Und es zitterten die Wolken
Und der krumme Jude bebte
Und er schrie: »Du Gott der Liebe,
Gib mir meine alte Erde! ...«

Da zerteilten sich die Wolken,
Alte Sonnen kamen wieder,
Und die weißen Engel sangen
Judas Zukunftsmelodie.

Judenlieder

(1898-1899)

Mutter betet in der Kammer ...

Mutter betet in der Kammer,
Wenn die graue nimmersatte
Sorge durch die lichtermatte
Sabbathruhe irrt und jagt,

Und der Vater schlingt die Hände,
Die vom Dienste wundgerieben
Und doch arbeitsstark geblieben,
Träumend um des Kindes Hals.

Und als sei das Glück gekommen,
Beten alle drei im Chore,
Während man vielleicht beim Tore
Draußen ihre Armut höhnt ...

Nirgends ruhen ...

Nirgends ruhen, nirgends rasten
Wir auf unsern harten Wegen,
Tragen dieses Lebens Lasten
Immer fort in gleichem Hasten
Ohne Ernte, ohne Segen.

Und sind doch so weit gedrungen,
Daß die Welt uns nicht zu groß ist.
Unsre Wünsche sind verklungen,
Weil wir selber uns bezwungen,
Weil es unser Judenlos ist.

Seht, um dieses Stückchen Brot ...

Seht, um dieses Stückchen Brot
Werde ich beneidet,
Weil ich nur ein Jude bin,
Weil mein immerstolzer Sinn
für die Kinder schafft und leidet.

Fraget nicht, warum der Fluch
Sich ins Volk geschlichen.
Zeigt, daß ihr die Arbeit ehrt!
Zeigt, daß ihr der Arbeit wert,
Der ihr niemals ausgewichen!

Schäm dich nicht!

Schäm dich nicht, wenn in der Straße
Dich ein Nachbar »Jude« schimpft:
Eine tausendjährige Lüge
Hat den Haß ihm eingeimpft,

Eine tausendjährige Lüge
Hat die Liebe unterdrückt,
Hat in Menschen, die dir gleichen,
Alle Menschlichkeit erstickt.

Aber bleib auch Mensch im Leide!
Trage deinen Schmerz mit Stolz,
Wie der Jude, den die Römer
Einstmal schlugen an das Holz!

Rabbi Amnon

Eine Sage

(1896)

Rabbi Amnon war ein guter
Freund des Mainzer Fürstenhofes.
Alle Frauen, alle Ritter
Liebten es, mit ihm zu sprechen.

Eines Tages gab der Kurfürst
Auf dem Schlosse ein Gelage,
Auch den Rabbi Amnon sah man
An des Fürsten Seite sitzen.

Und als die Pokale klangen,
Und die Frauenherzen glühten,
Hob der Kurfürst seinen Becher
Und er sprach zur Tafelrunde:

»Wir sind alle *eine* Seele,
Einer fühlt es mit dem andern,
Wenn die jungen Büsche sprießen
Und die Blütenkronen leuchten.

Wir sind alle treue Brüder
Einer reinen Gotteslehre.
Jeder Fremdling sei willkommen,
Der zu unserm Gotte pilgert.

Rabbi Amnon, sieh den Becher,
Der von Diamanten funkelt,
Sieh die Bilder an den Wänden,
Sieh die reichen Purpurdecken!

Diese Pracht sei dir gegeben,
Willst du unserm Gotte dienen.
Rabbi Amnon, deine Lehre
Ist so arm und ist so düster.«

Da erzitterte der Rabbi,
Seine Lippen schienen blutlos,
Und auf seiner bleichen Stirne
Hoben sich die blauen Adern,

Und es zuckten seine Augen
Und er sprach mit hohler Stimme:
»Kurfürst, meine Antwort will ich
In drei Tagen dir verkünden.« –

–––––

Dreimal hatte schon die Nacht sich
In den hellen Tag gewandelt,
Dreimal sandte schon der Kurfürst
Seine Ritter nach dem Rabbi.

Und es schrie der Kurfürst zürnend:
»Will der Jude nicht gehorchen,
Legt ihm Ketten um die Arme,
Schleppt ihn her zu meinen Füßen.«

–––––

Wieder klangen die Pokale,
Wieder hob der Fürst den Becher
Und er sprach zu Rabbi Amnon,
Der als Sklave vor ihm kniete:

»Jude, sprich! Bei diesem Becher,
Der die Augen dir geblendet,
Schwör ich's, mußt du selber eine
Strafe über dich verhängen!«

Lange schwieg der Rabbi Amnon.
Sterne standen schon am Himmel,
Als er rief: »Die Zunge, Kurfürst,
Die Bedenkzeit sich erbeten,

Meine Zunge, die gelogen,
Laß mir aus dem Munde reißen!«
Also wollte Rabbi Amnon
Seine große Sünde büßen.

Doch der Kurfürst lachte höhnend:
»Deine Zunge soll dir bleiben,
Aber deine krummen Füße,
Die mir dreimal nicht gehorchten,

Will ich meinem Messer opfern,
Und desgleichen sollen deine
Judenhände, deine Nase,
Deine Ohren ihm verfallen.« – –

Da erhoben sich die Ritter.
Wie verrohte Henkersknechte

Packten sie den alten Juden
Und vollführten die Befehle.

Dreimal hatte schon die Nacht sich
In den hellen Tag gewandelt.
Rausch Haschonoh war's. Die Juden
Wallten in Jehovas Tempel.

Und den armen Rabbi Amnon
Trug man vor die heil'ge Lade.
Und bevor man Kodausch sagte,
Rief der Rabbi zu Jehova:

»Alle Wesen, die da pilgern,
Zählst du, wie ein Hirt die Herde,
Und verhängst ihr Los, bestimmst den
Lebensgang der Kreaturen.

Am Neujahrstag wird's geschrieben,
Am Versöhnungstag besiegelt,
Wer da leben, wer da sterben,
Wer sein Ziel verfehlen sollte,

Wer durch Feuer, wer durch Wasser,
Wer durchs Schwert im Kriege, wer durch
Hungersnot erliegen sollte;
Wes der Ruhm ist, wes die Schande,

Wes der Reichtum, wes die Armut.
Aber Reue und Gebete

Und die Nächstenliebe wenden
Ab das drohende Verhängnis.« – – –

– – – – –

Also dichtete der Rabbi.
Und es leuchtete sein Antlitz,
Ehe ihn sein großer Schöpfer
Von dem Erdenleid erlöste.

Die Jüdin

Eine Dichtung

(1899)

Kam der Frühling in die Gasse,
Und von seinen hellen Strahlen
Schimmerten der Mädchen Haare
Wie von glänzenden Opalen.

Und es weitete die Sehnsucht
Die ergrauten Ghettomauern,
Wo Gestrüpp und Dornensträucher
Um des Volkes Freiheit trauern,

Wo der Widerhall nur zittert,
Wenn die Juden Tote bergen,
Wenn die Erde rinnt auf Erde
Von den holzgebauten Särgen ...

Kam der Frühling in die Gasse ...
Nur die schöne Rahel klagte,
Weil der Vater ihr die letzten
Wünsche seines Lebens sagte.

Denn ins Haus des alten Jakob,
Den die ganze Stadt verehrte,
Dessen weisen Rat und Ausspruch
Auch der Fremde stets begehrte,

Schlich der Tod. Die schöne Rahel
faltete die jungen Hände,
Als der rote Glanz der Sonne
Glühte durch des Zimmers Wände

Und des Toten Stirne küßte,
Wie zum Dank, daß er geboren,
Um zu bessern, die den Glauben
An ihr eignes Selbst verloren.

Rahel war die schönste Jüdin.
Ihres Mundes Perlenzähne
Glänzten wie der Silberschimmer
Einer bergkristallnen Träne.

In der schwarzen Glut der Augen
Und dem Feuerschein der Wangen
Schien das zaubergleiche Bildnis
Einer Märchenwelt zu hangen.

Und der Wohllaut ihrer Stimme
Klang wie seelisches Frohlocken,
Und die Hände waren weißer
Als die weißen Maienglocken.

Rahel war die reichste Jüdin.
Ihres Herzens Kostbarkeiten
Linderten die stumme Armut
Weltvergessner Einsamkeiten.

Rahel war die ärmste Jüdin.
Trug man doch den Einzig-Guten,
Ihren Vater, dorthin, wo die
Ewig-Friedevollen ruhten.

Seit dem Tod des weisen Jakob
Waren Jahre schon verflossen.
Dreimal hatte schon der Frühling
Seine Blüten ausgegossen.

Und des Ghettos schönste Jüdin
Öffnete des Friedhofs Pforte,
Um den Totensang zu singen
An des Vaters gutem Orte.

Ihres Vaters Erde schmückten
Junge Gräser, Efeuranken,
Kleine weiße Glitzersteine,
Die des Frühlings Wärme tranken.

Leise zog sie aus der Erde
Einen Grashalm nach dem andern,
Legte Steinchen drauf und ließ die
Tränen zu dem Toten wandern.

Und sie weinte lange Stunden,
Bis zum Abend, da die Sterne,
Wie verträumte Jugendtage,
Grüßten aus der blauen Ferne.

Und sie weinte wie ein Mädchen,
Das der Väter stolzen Sitten
Nicht gefolgt und für die Sünde
Ihres Volkes Fluch gelitten.

In dem Haus des weisen Jakob
Schien das Leben ausgestorben,
Gleich als hielte ein Geheimnis
Sich darinnen scheu verborgen.

Und man merkte, wie die Juden
Ängstlich-still vorüberschlichen;
Das Erinnern an den Weisen
War seit langem schon gewichen.

Denn das Ghetto hatte seine
Schönste Rahel längst verloren,
Weil sie, liebend, einen fremden
Sich zum Manne auserkoren,

Und das Volk der Gasse sagte,
Daß den Glauben sie geschändet,
Daß sie bloß aus eitlen Lüsten
Ihre Weiblichkeit verpfändet.

Immer wenn der Sabbath nahte,
An dem Abend, der vom Leide
Ein Erlösen bringt und Heilung
Und das Volk im Feierkleide

Zum Gebet des Herrn versammelt,
Strahlte Licht aus den umflorten
Fenstern des verfluchten Hauses
Und aus allen seinen Pforten – –

Also feierte die Rahel
Ihren Vater, und sie ehrte
Seinen Glauben, der in ihrer
Seele glühend weiterwährte.

Und alljährlich, wenn der Frühling
In die Gasse war gekommen,
Und der letzte Gruß des Tages
In den Wolken war verglommen,

Pflückte Rahel auf dem Grabe
Einen Grashalm nach dem andern,
Legte Steinchen drauf und ließ die
Tränen zu dem Toten wandern.

Der Prophet

Eine Dichtung

(1901)

Niemand kannte ihn im Ghetto,
Und es hieß, er sei aus weiten
Fernen in das Land gekommen,
Um der Sehnsucht, die verglommen,
Neue Ziele zu bereiten.

Doch es spotteten die Juden
Und verhöhnten seine Lehren,
Und sie wollten des Propheten,
Dieses törichten Asketen,
Durch Verachtung sich erwehren.

Denn die meisten von den Juden
Hatten Furcht, wenn einer sagte,
Daß sie nichts als Sklaven wären,
Daß sie nur die Last des leeren
Selbstbetruges immer plagte,

Daß sie nur dem Gott des Goldes
Opfern, wenn die Knuten schwirren,
Und dann wieder still beglückt sind,
Wenn der Peitsche sie entrückt sind
Und die Ketten fernher klirren.

Täglich wuchs der Haß im Volke.
Nur ein kleines Häuflein Armer
Scharte sich um seinen Sprecher,
Pries ihn als des Volkes Rächer
Und als seines Leids Erbarmer.

Und des Abends, wenn die letzte
Sonne aus den Wolken strahlte
Und mit ihren Feuerbränden
An des Tempels weißen Wänden
Rote Flammenzeichen malte,

Lauschten sie dem Lied des Weisen,
Der da sang: »Im tiefen Leide
Liegt die Zionsburg im Osten.
Ihre Zinnen, die verrosten,
Und wie Knistern morscher Seide

Geht es durch die Zedernwälder ...
Weine, Tochter Zions, weine!
Deine Leier ist verdorben,
Deine Sehnsucht ist erstorben,
Deine nimmermüde reine

Glaubensstärke ist zerronnen,
Deine Mutterliebe schwindet,
Denn dein Volk ist sich geworden,
Und die abtrünnigen Horden
Sind schon längst für dich erblindet.

Weine, Tochter Zions, weine!
Aber deine Tränen sollen
Unser Mutterland verjüngen!

Neue Blüten werden dringen
Aus den feuchten Ackerschollen,

An des Libanons Gehängen
Wird die Zeder wieder grünen,
Kranke werden dort gesunden,
Und in weihevollen Stunden
Wird dein Volk die Frevel sühnen.« ...

–––––

Voll ertönten diese Laute,
Und das Echo gab sie wieder,
Und es schien, als glitten leise
Aus der Sterne Silberkreise
Diamantensplitter nieder

Und es glühten alle Rosen,
Und durch Wälder und durch Haine
Klang, wie eine Wundersage,
Des Propheten Judenklage:
Weine, Tochter Zions, weine ...

–––––

Jahre waren hingegangen.
Auf den satten Feldern regten
Sich viel tausend starke Hände,
Die, des Sommers reicher Spende
Froh, den Eisenpflug bewegten,

Während in des Ghettos Mauern
Der Prophet die Kinder lehrte,

Daß in Gleichheit nur auf Erden
Arm und reich geboren werden,
Die der gleiche Tod begehrte.

Und die Lernenden erstarkten,
Trugen des Propheten Worte
Immer weiter in die Welten,
Bis in Jakobs stolzen Zelten
Keine Hoffnung mehr verdorrte.

Und ein neues Volk erhob sich,
Reich an Liebe, reich an Kräften.
Gleich in Sitte, gleich im Kleide,
Frei von Furcht und stark im Leide
Wuchs es fort mit frischen Säften.

Die Mär

(1913)

Irgendwann in dunkler Not
Trug die Wut der rohen Massen
Eine Mär durch alle Gassen,
Und man schlug die Juden tot.

Rächte es, daß sie der Welt
Das Gesetz geschaffen haben
Und daß sie den Gott ihr gaben,
Der das Licht der Erde hält.

Und nun wandert Jahr für Jahr
Dieses Schauermärchen weiter.
Wie ein wildgehetzter Reiter
Jagt es durch die Völkerschar,

Sorglos, ob die Unschuld klagt,
Ob die Frommen Eide schwören
Und die Weisen sich empören.
Sorglos immer weiter jagt

Die Legende und entweiht,
Was Kultur und Freiheit schufen;
Denn die Finsterlinge rufen
Auf zum alten Rassenstreit.

Und so geht es seinen Gang
Tausend Jahre, bis Geschlechter

Neu erstehn und ein gerechter
Wille die Barbaren zwang,

Bis einst das geweihte Licht
Schmerzensreicher Judenwahrheit
In kristallenreiner Klarheit
Durch die Nacht des Hasses bricht.

Der Straßensänger des Ghettos

Lublin

(1917)

Hinter dem Judentor
In der winkeligen Gasse
Steht der Straßensänger und singt ...
Singt von Moses' ehernem Siegesruf,
Von der Welten nimmerruhendem Hasse
Und von Gott, der die Liebe erschuf.
Singt vom Lande Mizrajim
Und all seinen Plagen,
Von den hungernden Kindern und ihrem Klagen,
Von den schweren Stürmen der neuen Zeit,
Den tausenden Söhnen, die draußen fielen,
Und von den Müttern im Trauerkleid.
Und in einem Atem weint er dann wieder
Seine vor Schmerz überquellenden,
Schreienden, gellenden,
Atemraubenden Judenlieder
Von des Volkes nie versandenden Tränen
Und von dem ewig brandenden Sehnen
Nach Jeruscholajim,
Nach Jeruscholajim ...

Hinter dem Judentor
In der winkeligen Gasse
Steht die große Menge und lauscht ...

Aber der Sänger, der blind ist,
Sieht sie nicht,
Und der Sänger, der singt,
Er hört sie nicht.
Sieht nicht, wie die Bösen die Augen verdrehen,
Merkt nicht, daß sie den Schmerz nicht verstehen,
Merkt nicht, daß unter all diesen Gotteskindern,
Den Schlechten, die falsche Wege wandeln
Und um ihrer selbst ihr Volk verhandeln,
Auch die Gerechten und Guten sind.
Und all diese Weisen und Milden legen
Zitternd die Hand an die feuchten Augen,
Gleich als spräche er seinen Segen,
Gleich als wäre der blinde Sänger
Als wie von Gott erwählt und gesandt:
Ein Wahrheitskünder, ein Wahrheitsdichter,
Ein Kläger *und* Richter
Im fremden Land ...

Hinter dem Judentor
In der winkeligen Gasse
Steht der Straßensänger und singt ...

Wann?

(Im Osten, Frühjahr 1918)

Wann wird der Haß verschwinden
Und wann die Liebe kommen?
Wann wird man *Menschen* finden,
Die, einer für den andern,
Neidlos durchs Leben wandern,
Bis sie ihr Ziel erklommen?

Nie wird die Welt gesunden
Und nie die Not verfliegen,
Wenn nicht die tiefen Wunden,
Die Sturm und Schmerz geschlagen,
In sonnefrohen Tagen
Von Mensch zu Mensch versiegen.